SOLUTION DE LA CRISE.

SOLUTION DE LA CRISE.

OBSERVATIONS

DE

L'ÉLECTEUR DE 1789

Sur les diverses professions de Foi,

EN 1839,

DE MM. DE CORMENIN, GUIZOT, THIERS,
ODILON BARROT ET DE VILLÈLE.

In vanum laboraverunt.

A PARIS,

CHEZ Mme PORTHMANN, IMPRIMEUR,
rue du Hasard-Richelieu, 8.
1839

IMPRIMERIE DE MADAME PORTHMANN,
rue du Hasard-Richelieu, 8.

OBSERVATIONS

DE

L'ÉLECTEUR DE 1789.

———— ◆ ————

Le besoin de la nation française est de sortir de la crise actuelle, ou lutte entre les pouvoirs de l'Etat, sans rien changer à la Charte de 1830 et par le dernier moyen indiqué de sa mise à exécution, dans une loi sur la *responsabilité des ministres.*

Aucun des cinq hommes d'Etat qui viennent d'émettre leur opinion n'a

encore envisagé la difficulté de la situation sous ce point de vue conciliatoire
et conservateur.

1° **M. de Cormenin,**

DU PARTI DE LA RÉPUBLIQUE.

Ce publiciste, dans son dernier
écrit, intitulé *Etat de la question*,
parle en tribun qui, par sa théorie
du *suffrage universel* s'est déclaré,
depuis longtemps, pour le parti de la
République, en dernier lieu sous la
bannière de M. Garnier-Pagès. Il n'est
donc pas étonnant qu'il se déchaîne
contre la *monarchie constitutionnelle* ; tout en adoptant les idées de

souveraineté du peuple, qui sont la base de la Charte de 1830.

M. de Cormenin saisit avidement ce point de départ, mais pour torturer par lui tout le système de la Charte et le faire bientôt déserter. Il s'irrite contre la concession que le peuple y a faite au monarque de son choix, du pouvoir exécutif, à titre d'*hérédité* : il sème le paradoxe et le sarcasme contre la royauté élue, dans la mêlée électorale, pour en faire sortir l'anarchie et de l'anarchie sa république.

Dans son plan de campagne aventureuse, M. de Cormenin oublie les cinquante ans de convulsions que la France a subies depuis 1789; il est insensible aux déchirements, aux douleurs qui ont tourmenté et qui tourmentent encore le corps social; loin de le guérir de la crise actuelle qui est légère, il le condamne au dernier supplice; à la *renaissance* de la république.

Il ne songe pas aux terribles commotions que produirait à coup sûr *son suffrage universel* dans la génération présente, naturellement insoumise, peu religieuse, si elle était, avec ses penchants et ses besoins, rendue au fanatisme de la liberté.

L'électeur de 1789, qui a vu plusieurs fois ce fanatisme aux entrailles de la société française bouleverser toute l'Europe en les déchirant, est épouvanté de l'*Etat de la question*, telle que M. de Cormenin l'a posée.

Malgré la complication des rouages du gouvernement représentatif de 1830, l'électeur l'adopte et le défend comme l'unique planche de salut ; il l'adopte en haine des républicains et par sympathie avec tous les amis de l'ordre, qui n'en espèrent la stabilité que de l'*exécution* du dernier pacte national, conclu entre les deux prétendants à la souveraineté ; le peuple et le monarque.

M. de Cormenin nie la validité de ce pacte ; il prétend que le peuple n'a pas pu le conclure, sa souveraineté étant inaliénable ; qu'il ne l'a pas, de fait, aliénée en 1830; que c'est lui qui doit gouverner et qui gouverne par la Chambre de ses représentants. Ici, la doctrine du Tribun tient du paradoxe.

Il n'en est pas de la constitution qu'un peuple s'est donnée librement comme d'un contrat ordinaire conclu selon le droit civil et pour des intérêts purement privés. Une constitution de l'Etat est l'œuvre du droit public le plus éminent : Elle n'est pas faite pour un jour, *condere gentes et regna*. C'est entre les hautes parties contractantes le réglement immuable de leur existence, de leur destinée ; réglement qui repose sur des droits reconnus pour toujours, sur des obligations subies en termes absolus. On y dispose, une fois pour toutes, des libertés publiques, de leur sauvegarde et de l'action gouvernementale. La constitution signée et promulguée, il n'y a plus à y revenir, d'un seul côté surtout ; sous le frivole prétexte que l'un des constituants aurait concédé plus qu'il ne pouvait concéder.

Si un pareil prétexte était admis, il n'y aurait jamais d'ordre établi ; on serait en révolution, ou nouvelles délibérations tous les matins. Combien de Chartes imposées par les violences de la conquête, qui n'ont été acceptées tacitement et sanctionnées que par la seule soumission des Peuples, ont force de loi, sans qu'ils songent à la rétracter. Et comment, celle que le Peuple a *dictée seul*, serait-elle à la merci de sa versatilité?

Fût-il possible d'ailleurs de comparer une Charte nationale à un contrat entre particuliers et d'en juger d'après les règles ordinaires du droit purement civil, serait-il vrai de dire que le Peuple n'a pas pu, en façon quelconque, disposer de son sort; que la disposition qu'il en a faite est nulle, qu'il peut la rétracter lui tout seul? Serait-il vérifié, en tous cas, que le mode de disposition adopté soit une véritable *aliénation?*

Non sans doute.

Mettre son droit en société n'est pas l'aliéner.

Le déléguer, *sous condition*, à un monarque héréditaire de son choix, qui en avait déjà sa part comme grand citoyen, ce n'est pas s'en démettre; le déléguant ne cesse pas d'exercer sa souveraineté dans sa partie la plus vi-

tale; la confection des lois, la concession de l'impôt; s'il ne peut pas, après
coup, la reprendre entière, c'est qu'il
y a contrat librement formé; c'est
qu'après tout, il ne pourrait rien faire
de la part qu'il ressaisirait.

Laissons donc là ce premier paradoxe de M. de Cormenin sur *l'inalié-
nabilité* du pouvoir souverain.

Un deuxième paradoxe est dans la
conséquence que M. de Cormenin
tire de *l'inviolabilité du roi* élu,
écrite dans la charte; il en conclut,
contre le Monarque, qu'il est dans
l'incapacité absolue de *rien faire*

par lui-même, qu'il ne peut pas *gouverner*, qu'il ne peut que *régner*, parce qu'il est *irresponsable*.

Singulière conclusion sur le contrat existant, et qui est de tous le plus solennel, et qui est irrévocable de sa nature tant que l'ordre social subsiste. Ce contrat crée pour la royauté de 1830 une foule de *prérogatives* qui la constituent POUVOIR *exécutif*, et M. de Cormenin lui refuse toute faculté d'agir, d'exécuter, même de concourir à l'exécution !

Il est trop savant légiste pour ignorer que les conventions librement formées sont des lois immuables; pour oublier que, dans une multitude de contrats, l'*irresponsabilité* de l'une des parties contractantes est journellement stipulée.

« La *puissance législative* elle-
« même s'exerce collectivement *par*
« *le roi*, la Chambre des pairs et la
« Chambre des députés. » Art. 14 de la Charte.

Et le Roi qui doit imprimer l'action à cette puissance *commune* n'aurait aucune volonté à exprimer! Ce serait le Dieu Therme! Quelle mutilation de la Charte *consentie!*

L'intention manifeste de ce statut fondamental a été de faire de la monarchie constitutionnelle en France un pouvoir exécutif toujours fort par la puissance des lois dont il aurait l'action, et par cela même toujours respecté. L'auguste mission du monarque étant de faire le bien, dans l'ordre moral tracé par la raison et par la Charte, suivant les circonstances données, on a dû élever, à cet effet, sa condition au-dessus de celle des au res mortels. On a dû en faire un être à part et privilégié, qui n'eût individuellement à répondre de ses actes qu'à sa noble conscience. Dans cette combinaison de la monarchie nouvelle, *limi-*

tée par le pacte social, on l'a assimilée à cet astre bienfaisant dont l'influence toujours féconde vivifie tout. Son essence, sa dignité sont là.

Pour le cas prévu où ses actes seraient contraires à sa sublime mission, la Charte a établi le principe de la responsabilité des ministres.

Et voilà que M. Cormenin et ses partisans, corrompant l'esprit de la Charte, font de *l'inviolabilité* du roi élu l'arme destructive de la royauté constituée. Ils veulent que le roi constitutionnel soit un être nul, qui n'ait aucune volonté, aucune influence ni au dehors ni au dedans ; ils veulent que la royauté soit une sinécure, que le monarque ne soit que l'ombre du pouvoir ; et, en l'annulant ainsi, ils lui demandent d'être *fort* ; ils le gourmandent de ne l'avoir pas été assez au dehors et de l'avoir trop été au dedans.

Il y a ici, sur l'art. 12 de la Charte, une divergence d'interprétation si *violente* que l'intervention d'un tiers interprète devient indispensable.

De ce que le roi inviolable n'est point *infaillible*, les novateurs concluent qu'il ne doit rien faire ; de ce qu'il n'est *responsable* qu'en la personne de ses ministres, ils infèrent que ceux-ci doivent seuls *gouverner*, quoiqu'ils ne soient que ses délégués. Quelle logique !

Par un troisième paradoxe, M. de Cormenin n'attendant rien des ministres responsables au lieu du roi qui les nomme, les transforme lestement en ministres de la Chambre élective, envers laquelle ils seraient seulement *comptables*.

La Chambre des députés est instituée pour faire les lois et pas pour autre chose. Ce n'est qu'en ce sens qu'elle forme une partie intégrante du gouvernement représentatif. Elle ne représente la Nation que pour décréter ce qui doit être fait.

Les Ministres ne sont les agents que du Pouvoir exécutif qui les nomme.

Les transformer en délégués de la Chambre élective , c'est renverser toute l'économie de la Charte.

Les Ministres sont *responsables* envers la Nation représentée par la Chambre : Là est toute la garantie de l'accomplissement des *conditions* de la Charte.

La loi sur la responsabilité des Ministres est le seul moyen de tenir tous les pouvoirs en harmonie : qu'on la décrète donc au plutôt. M. de Cormenin pose bien ici le principe, mais il n'en propose pas l'application.

Quant aux sarcasmes contre la royauté dont l'écrit de M. de Cormenin fourmille, les trônes de l'Europe, qu'il gourmande les uns après les autres, en seront peu ébranlés : la paix du monde n'en sera pas troublée.

Les autres professions de foi, dont l'examen va suivre, prouvent à M. de Cormenin que la sienne est repoussée par l'immense majorité de la Nation.

En résultat, l'écrit de M. de Cormenin dépose hautement de sa répugnance pour toute espèce de gouvernement *monarchique*, fût-il représentatif ou *limité*. La concentration du pouvoir qui gouverne dans une seule main est ce qui lui déplaît souverainement : Il veut que ce soit la Nation qui gouverne elle-même par la Chambre seule de ses représentants, celle des pairs ne comptant plus pour rien (1). Cela étant ainsi, et le Roi n'étant plus qu'un roi *soliveau*, M. de Cormenin trouve parfaite la Charte de 1830 : c'est-à-dire, qu'il y ressuscite la Con-

(1) Voir à ce sujet le *Post Scriptum*, pag. 60.

vention nationale avec toutes ses tendances, avec son Directoire, composé cette fois de *huit* membres au lieu de *cinq*, et ayant à sa tête un maître des cérémonies.

M. de Cormenin n'a pas le courage de conclure ouvertement à ce que la Charte soit corrigée en ce sens; mais il veut y arriver bientôt, avec la majorité de ses *électeurs universels : in caudá venenum.*

Respirons désormais.

Nous allons changer d'atmosphère; les quatre autres publicistes du jour admettent tous la Charte de 1830, sans y rien changer. Un seul d'entre eux parle de *réforme*; mais c'est le moins hostile au gouvernement représentatif *du roi*; loin de lui rien ôter de sa force d'action concentrée, il voudrait qu'on la rendît plus puissante encore.

Quels sont donc les griefs articulés par ces partisans de la Charte *monarchique*, pour qu'ils se trouvent en un si violent conflit avec le gouvernement constitutionnel? A quel propos et comment s'en expliquent-ils? C'est sur quoi doivent se porter franchement les observations. Notre patriotisme n'est pas moins impatient que le leur de se fixer.

Dans un procès aussi grave, mû

entre les deux grands pouvoirs de l'Etat et dont les explosions peuvent être rendues si funestes, par l'absence de tous juges compétents pour le vider, toutes les nuances du litige doivent être bien saisies; afin du moins de rassurer l'opinion publique sur ses conséquences les plus fâcheuses et de préparer les esprits à l'adoption du moyen sauveur.

C'est avant d'avoir mis la main à l'œuvre parlementaire que les deux pouvoirs se sont divisés. Ils se sont divisés sur les premiers compliments à se faire de part et d'autre; sur le discours du trône et sur celui en réponse de la chambre des députés.

Quelle malheureuse inopportunité !

Le discours du trône n'est pas un *acte obligé* que la Charte exige du pouvoir exécutif.

La réponse des deux chambres n'est pas non plus un *acte législatif prescrit*, ni dont la défense puisse invalider les opérations de la session.

La réponse de la chambre des pairs à la couronne avait été approbative des actes de son gouvernement.

Ce n'était que le projet de la réponse de la chambre des députés qui avait fourni matière à discussion. Cette discussion (intempestive peut-être, et qu'il eût fallu renvoyer à l'époque où la chambre aurait à s'occuper du budget), cette discussion précoce, fruit de l'impatience, avait été bien orageuse; mais enfin le projet d'adresse avait été amendé par une majorité quelconque, on pouvait donc marcher dans la carrière ouverte des délibérations législatives.

Point du tout !

De ce que la majorité qui a prévalu s'est trouvée n'être que de quatre voix,

les ministres se sont hâtés d'en conclure qu'il y avait contre eux une coalition redoutable, indissoluble, et qu'il
y aurait nécessairement refus du concours. Crainte irréfléchie ! Les élé-
ments de la coalition formée étaient
incohérents ; ils ne pouvaient pas vivre
ensemble plus de vingt-quatre heures ;
ils se sépareraient sur la première pro-
position de loi : ils n'avaient de commun entre eux que l'antipathie contre
les personnes ministérielles. Il fallait
donc essayer, attendre jusqu'où irait
cette antipathie, si elle serait assez pas-
sionnée, assez aveugle, pour se prononcer contre les mesures législatives
les plus raisonnables, les plus néces-

saires, par cela seul qu'elles seraient proposées par un ministère en défaveur.

Le ministère, trop effrayé sans doute, a pris l'alarme et a fait prononcer la dissolution de la chambre, pour la deuxième fois en quinze mois.

Le mal est dans cette trop brusque dissolution : eût-elle dû arriver plus tard, le mieux eût été de pouvoir la motiver sur un refus effectif de concours, dans une conjoncture donnée, qui eût décelé la morosité du refus de ce concours.

Le mal est d'avoir donné à penser

que les causes de la dissidence d'entre les deux pouvoirs étaient graves. Des préventions trop fâcheuses ont été soulevées : elles l'ont été dans le vague, elles l'ont été pour des dissentiments qui peuvent n'être que très-légers.

Vérifions.

On le peut à présent que les organes de l'opposition ont parlé et qu'ils ont déduit leurs griefs.

2º M. Guizot,
(DU PARTI DOCTRINAIRE.)

Il a été ministre ; sa haute capacité politique est reconnue : il a une longue expérience et des hommes et des choses ; il tient fortement à la Charte de 1830, qui a étouffé les deux serpents, *l'absolutisme* et *l'anarchie*; il ne veut que cette Charte ; mais il la veut tout entière ; il la veut dans toute sa sincérité. Son témoignage ne peut être qu'imposant.

En quoi blâme-t-il le gouvernement?

Ecoutons-le, déduisant les motifs de son opposition et de sa réunion accidentelle aux efforts de la coalition contre le cabinet.

La politique du cabinet, au dedans

et au dehors, était *faible* et *peu na-tionale*, le cabinet devenait lui-même de plus en plus faible et peu national, hors d'état de maintenir et d'accréditer fortement sa politique, il était dans l'*impuissance parlementaires*, quoi-qu'il ne manquât pas de ces qualités qui, sous l'ancien régime, faisaient acquérir et retenir le pouvoir.

Au dedans, lutte sans exemple depuis 1830, entre la couronne et la chambre. Toutes affaires du pays en souffrent.

Au dehors, les faits sont qu'en Italie, en Suisse, l'influence de la France a *baissé*.

En Belgique, en Espagne, la situation s'est aggravée. Là où nous sommes encore présents et agissants, nous sommes plus *compromis que jamais*. Affaiblissement simultané des pouvoirs publics, trouble entr'eux ; nullité de l'administration, ajournement des questions.

Les ministres, conseillers de la couronne, la représentent mal devant les chambres.

Ils ne représentent pas assez fermement le pays auprès de la couronne.

Telle est la profession de foi de M. Guizot.

Tels sont ses griefs qu'il a corroborés depuis, par le développement des trois fautes dites commises en Belgique, à Ancône et en Espagne. Sont-ils bien entraînants?

Qui jugera du plus ou moins de pertinence de ces reproches.

3° **M. Thiers,**

(DU TIERS-PARTI.)

Il a aussi été ministre et ministre des affaires étrangères; il a été président du conseil; avant de rien être, il avait adopté, *avec ardeur*, la forme du gouvernement en *monarchie re-*

présentative, comme laissant au pays la gestion réelle et positive de ses affaires, d'après la charte de 1830.

Ce gouvernement, selon M. Thiers, a marché *dans le vrai*, en suivant au dedans le *système de la résistance*, tant qu'il y a eu emportement des esprits, où les partis mécontents étaient disposés à prendre les armes, où la presse était outrageante et provoquait à la révolte.

Au dehors, le gouvernement avait bien fait, en réduisant son appui des révolutions étrangères aux *limites du possible* ; il avait bien fait d'empêcher

que le sentiment national ne précipi-
tât la France sur l'Europe.

Mais le gouvernement avait *com-
mencé à sortir du vrai*, à l'époque
où lui, M. Thiers, était sorti du ministère. Et comment?

Ici commencent les Vespéries.

Au dedans le ministère avait poussé
les mesures de rigueur au-delà du *terme
de l'utilité*, il s'était exposé au rejet
de sa loi de disjonction.

Il en est venu, envers les ennemis
de la révolution, à des *prévenances*

maladroites, il avait montré une impatience maladroite de les rallier à lui.

Il est tombé dans les fautes de la restauration pour faire triompher de *fâcheuses tendances*.

Au dehors le ministère a usé d'une politique *timide, imprévoyante*.

En Italie, en Belgique, en Espagne, il a opéré toujours contre *la cause de la révolution*.

Il a refusé à l'Espagne jusqu'au secours si peu compromettant *de nos vaisseaux*.

La politique étrangère, il est vrai, est difficile à juger ; mais la chambre n'a pas voulu déclarer que le ministère se fût montré jaloux de notre dignité et fidèle à nos alliances.

Toutefois M. Thiers est bien convaincu que jamais le gouvernement n'aura la *coupable* pensée de violer les lois.

Ici encore des incriminations vagues et point de solution.

4° M. Odilon-Barrot.

(DU PARTI CONSTITUTIONNEL.)

Cet habile légiste a cela de commun

avec MM. Guizot et Thiers qu'il se déclare, comme eux, l'apôtre de la charte de 1830, dont il s'est montré, plus qu'eux, le constant défenseur.

Il a sur eux l'immense avantage de n'avoir jamais eu, avec la couronne, d'autre point de contact qu'à la tribune; de n'avoir conséquemment jamais changé de situation politique, ni d'opinion.

Il a combattu tous les ministères depuis 1830, et c'est avec la même indépendance qu'il combat celui actuel.

Ses griefs contre lui sont les mêmes;

màis M. Barrot les articule avec plus de fermeté.

Il parle de *corruption intérieure, de l'abaissement et de l'imprévoyance de la politique extérieure, d'imprudentes prétentions de cour, des volontés de cette cour, d'un ministère de favoris* qui cherche à augmenter, dans la représentation nationale, le nombre des fonctionnaires et des hommes dépendants.

Il voit dans la dissolution de la chambre un grave désordre; il y retrouve le même conflit qu'aux derniers jours de la restauration.

Il appelle le secours d'un intermé-
diaire sérieux et puissant ; mais il n'in-
dique pas où le prendre.

5° **Enfin, M. de Villèle,**

(DU PARTI DE LA RESTAURATION.)

Cet homme d'état modèle, juge
du gouvernement représentatif en lui-
même, comme possible, comme pou-
vant être l'égide des libertés publiques,
aussi bien avec la charte de 1830
qu'avec celle de 1814.

Dans sa lettre du 20 janvier dernier,
il vient de s'expliquer sur la situation
présente, dans des termes trop cir-

conspects, trop mystiques peut-être, pour que l'on puisse connaître toute son opinion.

Il estime bien qu'il y a *affaiblisse-ment graduel frappant* des institutions gouvernementales du pays.

Il parle bien de réforme, mais va-guement, sans spécifier sur quoi elle doit porter.

Il est dans la conviction intime que les institutions locales et administrati-ves et le vote de l'impôt par les con-tribuables sont tout ce qu'en réalité et avec prudence on peut et doit désirer de garanties utiles.

Mais vu le danger de l'anarchie, M. de Villèle tient par dessus tout à ce que la France ait *un gouvernement monarchique fortement constitué, qui ne puisse être ni journellement conteste, ni constamment entravé, ni moralement affaibli, tant à l'égard des étrangers que des régnicoles.*

M. de Villèle, en ce peu de mots, a fait la part des légitimistes, en ce sens qu'ils tendent à corroborer la *monarchie* constitutionnelle, quel que soit le monarque. C'est avec le roi *élu* que la constitution de 1830 a été faite. La querelle à vider n'est pas et ne peut pas être une question de dynastie. C'est une crise du gouvernement représentatif que M. de Villèle tremble de voir se terminer par l'affaiblissement du pouvoir exécutif. Il est loin de dire que la force à lui imprimer puisse l'être par *l'esprit de cour*. Il la place dans des institutions *libérales*.

DERNIÈRES RÉFLEXIONS

De l'électeur.

Tous ces publicistes s'accordent à accuser le ministère actuel de *faiblesse* et de mauvaises *tendances* dans sa conduite. Un seul d'entre eux va jusqu'à prononcer le mot de *corruption intérieure*.

Il faut s'entendre sur ces deux

grefs si dissemblables, *faiblesse et corruption.*

On reproche au gouvernement actuel d'avoir poussé trop loin la sévérité au dedans et de ne s'être pas montré assez fort au dehors.

Mais n'a-t-il rien à dire pour sa justification?

L'a-t-on investi d'un pouvoir suffisant pour commander à toutes les passions? A-t-il celui de forcer au travail ceux qui ne veulent rien faire pour la société ni pour leurs propres besoins? Est-il le maître de régler le nombre des capacités sur le nombre possible des emplois? Où sont ses forces *morales*, quand tout se réduit à la vie matérielle?

On est *fort* au dehors quand on est uni au dedans. *Vis unita fortior;* on ne peut pas l'être quand on est en discorde avec soi-même.

Un gouvernement est *fort* quand il est respecté par ceux qui l'ont choisi.

Il est *fort* au dehors, quand ses relations avec l'étranger reposent sur une similitude de principes conservateurs.

Que peut faire pour le pays un roi élu, auquel ses électeurs eux-mêmes refusent toute influence personnelle dans les affaires?

Il y a eu *faiblesse* dans l'action extérieure du gouvernement actuel. On l'accorde pour le moment.

Mais n'y a-t-il donc pas eu faiblesse aussi du côté de la chambre élective?

N'a-t-elle pas fait depuis 1830 une foule de concessions qu'elle aurait dû refuser.

N'a-t-elle pas eu la faiblesse de tolérer, sans révision, l'emploi des *fonds secrets*, source de corruption.

A-t-elle eu la force de parer aux abus des *crédits supplémentaires*, arbitrairement transposés dans leur destination.

A-t-elle eu le courage ds décréter la loi sur la responsabilité des ministres ?

Chacun peut avoir eu ses torts ; la corruption serait seule plus qu'un tort.

Qui prononcera sur ces tristes débats ?

Et que prononcera-t-on ?

« Le régime représentatif , dit
« M. Guizot, est un régime de tran-
« saction et de conciliation conti-
« nuelle. »

S'il en est ainsi, c'est le grand conciliateur qui reste à instituer.

Où le prendre ailleurs que dans le
grand jury national proposé ?

Il est, dans sa composition , rassu-
rant pour les deux partis, à quelque
haut rang que l'une et l'autre soit placé.

Cette imposante agglomération

d'hommes tous vertueux, tous grands propriétaires ou de la plus haute capacité, aura la dignité du sanctuaire. En ressusciter un pour la vertu, c'est immensément faire pour l'ordre social, pour la nation, pour ses libertés.

Monarque et nation devront reconnaître son autorité, qui sera celle de la morale mise en action.

Devant ce grand jury national toutes les préventions doivent cesser, toutes les résistances s'abaisser.

La nation n'y doit voir qu'une aristocratie *populaire*, créée pour un temps,

toute dans son intérêt, plus protectrice
par son indépendance que ne le sont
les tories anglais avec leur puissance
féodale.

Et le monarque, quel qu'il soit,
trouvera-t-il sa dignité compromise,
son autorité constitutionnelle entravé
par l'intervention de ce grand jury? On
ne doit pas le supposer.

Les rois, comme les autres mortels, doivent être les esclaves de la
morale.

La majesté du trône doit supporter

les parallèles et même la suprématie de
la majesté intellectuelle.

La grandeur romaine, la pourpre
des Césars reconnaissaient bien la puissance des augures.

Tous les rois absolus ont eu l'ori-
flamme pour guide ; ils se sont age-
nouillés devant l'arche sainte : ils ont
écouté toujours les remontrances des
parlements et y ont souvent cédé.

La mission principale et la plus ha-
bituelle du jury sera celle d'exercer le
pouvoir conciliateur, en rétablissant
le véritable sens de celles des disposi-

tions dela Charte qui seraient contro-
versées, ou en ramenant à effet celles
dont un des deux pouvoirs divisés aurait
abusivement dévié. Ce serait cet *inter-
médiaire* qu'appellent tous les publicistes dans le gouvernement représentatif français. *L'amiable compositeur*
chargé, selon le vœu de M. Guizot, de
faire les transactions continuelles que
comporte ce régime.

Il ne serait pas en permanence.

Il ne serait convoqué qu'en cas d'absolue nécessité et que le conflit serait
de nature à arrêter la marche du gouvernement.

Ce serait un interprète des commandements de la Charte, à laquelle il ne pourrait rien ôter ni ajouter.

Dans ce cercle rigoureux de simple interprétation, ses décisions feraient loi et seraient insérées au *Bulletin des lois*.

Dans les cas de violation de la Charte, imprévoyables selon M. Thiers, le grand jury national rendrait son verdict, d'après lequel la chambre des pairs, ou toute autre autorité judiciaire d'attribution, serait tenue de prononcer.

Cette fois, et pour premier essai de

son pouvoir conciliateur, le grand jury national aurait à prononcer sur le conflit flagrant.

Que sortira-t-il du sein de cet aéropage?

Un verdict général implicite sur tout ce qui s'est passé de 1830 à 1837, et il sera approbatif, d'après les appréciations de M. Thiers.

Un verdict particulier sur l'action gouvernementale depuis 1837, sur ses prétendues tendances sur les *prétentions de cour*, en réalisant une conciliation

Car il n'est pas à présumer que la corruption dont se plaint M. Odilon Barrot ait été jusqu'à la violation des lois du pays. M. Thiers affirme que cela est *impossible*, que cela n'arrivera jamais.

Que dans cette conviction l'on s'occupe donc de la loi sur la responsabilité des ministres ; qu'on y précise les cas où elle sera encourue, qu'on y classe ceux de *tendance* qui auraient un caractère alarmant.

Que la confection la plus prompte de cette loi soit recommandée à la prochaine législature, comme devant être

portée aussitôt l'ouverture de la session
et avant toute explication sur le discours du trône.

Post-Scriptum.

L'électeur de 1789 est loin d'admettre avec M. de Cormenin que la Chambre des Pairs ne doive plus *compter pour rien* dans la constitution de l'État ; ce serait bouleverser la Charte et abolir la division qu'elle a faite de la puissance législative en deux Chambres qui peuvent se contrôler alternativement. La Chambre des Pairs investie du droit de révision des lois fait en ce sens partie essentielle de la *représentation Nationale* ; elle doit stipuler à son tour les intérêts du peuple.

Pour la loi organique du 19 décembre 1831 portée en exécution de la Charte, on a notablement dénaturé cette honorable mission, en mettant la Pairie comme *viagère* dans la dépendance de la couronne, qui seule la recompose à son gré.

Cette grave déviation du but, qui en avait fait un renfort de la cause populaire, nécessite aujourd'hui deux mesures capitales dans l'économie des deux lois réservées par la Charte.

La première mesure, par addition à la loi de décembre 1831, serait de statuer : 1° que la Chambre des Pairs faisant partie de la puissance législative, ses membres ne peuvent exercer aucunes fonctions publiques à la nomination du roi, ni accepter aucuns emplois de la Cour ; 2° qu'étant instituée par la Charte juge des ministres responsables, ne pourra s'immiscer en rien dans les poursuites à diriger contre eux jusqu'aux verdicts du grand jury national inclusivement.

La deuxième mesure serait d'insérer, dans la loi sur la responsabilité des ministres, que leur tradition devant le grand jury national aurait lieu sur la seule provocation des cent membres de la Chambre des Députés et sans qu'il soit besoin du concours de la Chambre des Pairs ; surtout quand il s'agirait de mises en accusation. Ces préliminaires de tous procès criminels seraient attribués par la loi à une institution spéciale de magistrats instructeurs devant le jury.

DU MÊME AUTEUR,

en vente chez madame Porthmann, rue du
Hasard-Richelieu, 8,

DU

GOUVERNEMENT REPRÉSENTATIF

en France,

et des moyens de l'y populariser.

1 vol. in-32. — 50 c.

Impr. de Mme PORTHMANN, rue du Hasard-Richelieu, 8.

www.ingramcontent.com/pod-product-compliance
Ingram Content Group UK Ltd.
Pitfield, Milton Keynes, MK11 3LW, UK
UKHW021652130726
13696UKWH00004B/1564